DIOSES Y DIOSAS HINDÚE

INTRODUCCIÓN A LAS DIVINIDADES HINDÚES

Viviktha Venkatanarasimharajuvaripeta
Ilustrado por Sanskriti Shukla

Agni

Agni, en la mitología hindú, es el dios del fuego y una de las deidades más importantes. Se le representa con un aspecto ardiente, a menudo acompañado de dos cabezas y múltiples brazos.

Se cree que Agni tiene el poder de transformar y purificar, y es fundamental en rituales y ofrendas. También se le considera un mediador entre los humanos y los dioses, llevando plegarias y sacrificios a los cielos.

También se reconocen las capacidades destructivas de Agni, ya que el fuego tiene el potencial de causar grandes daños.

En general, Agni es venerado como símbolo de energía, vitalidad y transformación.

Brahma

Brahma es una deidad prominente en el hinduismo, a la que a menudo se hace referencia como el creador del universo.

Es una de las Trimurti, junto con Vishnu y Shiva, que representan los aspectos de creación, preservación y destrucción respectivamente.

Brahma se representa con cuatro cabezas, que simbolizan su vasto conocimiento y sabiduría, y cuatro brazos, que representan los cuatro Vedas.

A pesar de su condición de deidad principal, el culto a Brahma es menos común en el hinduismo moderno que a Vishnu y Shiva.

Durga

Durga es una poderosa diosa conocida por su fuerza, valor y naturaleza feroz. Se la representa como una diosa guerrera, a menudo montada en un león y empuñando armas con sus múltiples brazos.

Se cree que fue creada por los dioses para derrotar al demonio búfalo Mahishasura, símbolo del triunfo del bien sobre el mal.

Encarna la energía femenina y es venerada como la madre divina, que proporciona protección y guía a sus devotos.

Durga se celebra durante el festival de Navaratri, donde se honran sus diversas formas y atributos. Representa la determinación inquebrantable de afrontar los retos y superar los obstáculos, lo que significa empoderamiento y transformación.

Ganesha

Ganesha es una deidad muy venerada, conocida como el eliminador de obstáculos y el dios de los comienzos. Se le representa como una figura con cabeza de elefante y cuerpo redondeado y barrigón.

A menudo se le representa con varios brazos, sosteniendo objetos simbólicos como una flor de loto, un hacha o un modak (dulce). También se le representa montado en un ratón, su vehículo divino.

Ganesha es venerado por su sabiduría, intelecto y capacidad para superar retos. Se le venera antes de embarcarse en cualquier nueva empresa o buscar el éxito en diversos aspectos de la vida.

Ganesha goza de gran prestigio en el hinduismo y se celebra durante el festival de Ganesh Chaturthi, en el que sus ídolos se decoran minuciosamente y son venerados por los devotos.

Hanuman

Hanuman es una deidad muy querida, conocida por su inquebrantable devoción y su fuerza sin igual. Se le representa con cara de mono y cuerpo musculoso, a menudo de color rojizo.

Hanuman es venerado como la personificación de la lealtad, el valor y el desinterés. Desempeñó un papel crucial en la epopeya Ramayana, en la que ayudó al Señor Rama a rescatar a su esposa Sita del rey demonio Ravana.

Hanuman posee poderes extraordinarios y se le considera el patrón de los luchadores, los atletas y quienes buscan fuerza y protección contra los obstáculos.

Se le venera con gran reverencia y devoción, sobre todo los martes, y sus devotos recitan su popular cántico "Jai Hanuman" para pedir su bendición y guía.

Krishna

Krishna es una deidad importante venerada por su belleza divina, su encanto y su papel como octavo avatar del Señor Visnú. Se le representa como una figura de piel azulada, rostro sonriente y adornado con plumas de pavo real en el pelo.

Se le suele representar tocando una flauta, símbolo de su amor por la música y su capacidad para encantar a los demás.

Es conocido por sus travesuras infantiles y sus enseñanzas en la epopeya Mahabharata, donde imparte una profunda sabiduría a su discípulo Arjuna en el Bhagavad Gita.

Krishna es venerado como el Ser Supremo, portador de amor, alegría y felicidad, y se le rinde culto por su divina jovialidad, compasión y guía para llevar una vida recta. Sus devotos celebran festivales como Janmashtami y Holi con gran entusiasmo y devoción.

Kurma

Kurma, también conocido como Kurman o Koorma, es una importante deidad de la mitología hindú. Como segundo avatar del Señor Visnú, Kurma adopta la forma de una tortuga gigante para soportar el peso del monte Mandara durante la agitación del océano por los dioses y los demonios.

Este acontecimiento épico, conocido como el Samudra Manthan, tiene como objetivo recuperar el elixir de la inmortalidad.

Símbolo de estabilidad y resistencia, Kurma sirve de base para la creación del universo y representa la importancia del equilibrio y la paciencia en la vida.

A menudo se representa a Kurma como una majestuosa tortuga con un aura divina y se le venera por su papel en la formación del mundo y el mantenimiento del orden cósmico.

Lakshmi

Lakshmi, la diosa hindú de la riqueza, la prosperidad y la fortuna, es una de las deidades más veneradas y adoradas de la mitología india.

Se cree que es la consorte del Señor Vishnu y se la representa como una diosa hermosa y auspiciosa con cuatro brazos, a menudo sosteniendo flores de loto y otros símbolos de abundancia. Se la asocia con la idea de riqueza material y espiritual, así como con la fertilidad y la buena suerte.

Los devotos buscan sus bendiciones para alcanzar la prosperidad económica, el éxito y el bienestar general en sus vidas.

Lakshmi se celebra durante el festival de Diwali, donde se cree que su presencia trae alegría y prosperidad a hogares y negocios. Como deidad que representa la abundancia, Lakshmi encarna los ideales de prosperidad, generosidad y crecimiento espiritual.

Kali

Kali es una diosa temible y poderosa de la mitología hindú. A menudo se la representa como una figura de piel oscura y pelo salvaje, con la lengua fuera y una guirnalda de cabezas humanas.

Kali encarna la libertad, la destrucción y el tiempo. Es la destructora de las fuerzas del mal y a menudo se la asocia con la muerte y la transformación.

A pesar de su aspecto aterrador, Kali también representa el amor maternal y la protección, especialmente hacia sus devotos. Se la venera por su capacidad para conceder la liberación, la sabiduría y el despertar espiritual.

Se suele invocar a Kali en tiempos de crisis o cuando se quieren superar obstáculos, ya que se cree que su energía es feroz y transformadora. Es una deidad compleja y polifacética, que encarna tanto los aspectos destructivos como los nutritivos de la divinidad femenina.

Narasimha

Narasimha es una deidad prominente de la mitología hindú que combina formas humanas y animales. Tiene cabeza de león y cuerpo humano.

Se le considera la cuarta encarnación de Vishnu y simboliza la protección divina y la justicia. Se le suele venerar por su valentía y su capacidad para destruir las fuerzas del mal.

Narasimha es conocido por su ferocidad, ya que derrotó al rey demonio Hiranyakashipu, que causaba el caos y atormentaba al mundo.

Los devotos buscan sus bendiciones para superar los obstáculos y el miedo, y para experimentar la protección divina y la liberación.

Narasimha es venerado durante el festival de Narasimha Jayanti, donde sus devotos ofrecen oraciones y realizan rituales para honrar su presencia divina.

Nataraja

Nataraja es una importante deidad de la mitología hindú, que representa al Señor Shiva en su forma de danza cósmica.

El nombre de Nataraja se traduce como "Rey de la Danza", y se le representa con múltiples brazos y piernas, rodeado de un anillo de fuego. En equilibrio sobre una pierna, ejecuta el Tandava, una danza vigorosa y dinámica que simboliza el ciclo continuo de creación, conservación y destrucción del universo.

Se cree que la danza de Nataraja mantiene el orden cósmico y el ritmo de la vida.

Su mano superior derecha sostiene un tambor, que simboliza el sonido de la creación, mientras que la izquierda sostiene una llama, que representa la destrucción.

También se representa a Nataraja con un pie levantado, aplastando triunfalmente la ignorancia y la ilusión.

Su imagen es un poderoso recordatorio de la armoniosa interacción entre destrucción y creación, así como de la naturaleza eterna de la existencia. Los devotos suelen venerar a Nataraja en busca de inspiración, iluminación espiritual y transformación a través del simbolismo de su danza divina.

Rama

Rama es una deidad venerada, reconocida como el séptimo avatar del Señor Vishnu. Se le representa como un rey ideal, un esposo devoto y un hijo obediente.

Rama es conocido por sus inquebrantables valores morales, su rectitud y su compromiso con la defensa del dharma (rectitud). A menudo se le representa con un arco y una flecha, símbolo de su habilidad como guerrero.

El viaje épico de Rama, descrito en la escritura hindú Ramayana, es una historia de triunfo sobre la adversidad y la victoria final del bien sobre el mal.

Su exilio, el rescate de su esposa Sita del rey demonio Ravana y su regreso a Ayodhya como legítimo gobernante son capítulos significativos de su vida.

Rama sigue siendo una encarnación del valor, el honor y la virtud, y los devotos lo veneran como una encarnación de la conciencia divina y una fuente de inspiración para llevar una vida recta.

Saraswati

Saraswati es una diosa venerada en la mitología hindú, conocida como la encarnación del conocimiento, la sabiduría, la creatividad y las artes. A menudo se la representa como una deidad hermosa y serena, vestida de blanco, símbolo de pureza e iluminación.

Saraswati aparece tocando la veena, un instrumento musical de cuerda que simboliza la armoniosa combinación de las artes y el intelecto. También se la ve sosteniendo un libro, que representa los Vedas, las antiguas escrituras del conocimiento.

Saraswati es venerada por estudiantes, eruditos y artistas que buscan sus bendiciones para obtener sabiduría e inspiración. Como diosa del saber, se cree que guía e ilumina a quienes se dedican a la búsqueda del conocimiento, la educación y las artes.

La presencia de Saraswati se considera una fuerza integral en los ámbitos de la creatividad y el crecimiento intelectual, y se buscan sus bendiciones durante importantes acontecimientos académicos y culturales.

Shakti

Shakti es una fuerza poderosa y divina a menudo personificada como la energía o el aspecto femenino del Ser Supremo, Brahman. También conocida como Devi o la Gran Diosa, Shakti es la esencia creativa y nutritiva que impregna el universo.

Se la representa en diversas formas y manifestaciones, como Durga, Kali, Lakshmi y Saraswati, cada una de las cuales representa diferentes aspectos de su poder. Shakti es a la vez suave y feroz, y encarna las cualidades de la compasión, la fuerza y la protección.

Es venerada por los devotos que buscan empoderamiento, transformación y liberación. Shakti es venerada como la fuente de toda energía, la fuerza motriz de la creación y el catalizador del despertar espiritual.

Su presencia y sus bendiciones se invocan en rituales, ceremonias y oraciones para aprovechar su poder transformador y alinearse con la energía universal.

Shiva

Shiva es una de las deidades más poderosas y significativas de la mitología hindú. A menudo llamado el Destructor o el Transformador, Shiva forma parte de la santísima trinidad de dioses hindúes, junto con Brahma y Visnú. Se le venera como el Ser Supremo, que representa las cualidades masculinas y femeninas de la creación y la destrucción.

A Shiva se le representa como un yogui, normalmente en profunda meditación o en su forma feroz conocida como Nataraja, el Señor de la Danza. Está adornado con una luna creciente en la cabeza, símbolo del ciclo del tiempo, y lleva una serpiente alrededor del cuello, que representa su control sobre el ego y el deseo.

Se le asocia con el monte Kailash, donde se cree que reside con su consorte, la diosa Parvati. Los devotos de Shiva buscan sus bendiciones para el despertar espiritual, la liberación y la protección. Se le conoce por su profunda sabiduría, su desapego de las ataduras mundanas y su papel como guía de los buscadores en el camino hacia la iluminación espiritual.

www.ingramcontent.com/pod-product-compliance
Lightning Source LLC
Chambersburg PA
CBHW040059160426
43192CB00003B/113